Ayman Al Armouti
Huda Iqbal
Adil Alshezawi

Art des Qualitätsmanagements bei UNB / UAE

Ayman Al Armouti
Huda Iqbal
Adil Alshezawi

Art des Qualitätsmanagements bei UNB / UAE

ScienciaScripts

Imprint

Any brand names and product names mentioned in this book are subject to trademark, brand or patent protection and are trademarks or registered trademarks of their respective holders. The use of brand names, product names, common names, trade names, product descriptions etc. even without a particular marking in this work is in no way to be construed to mean that such names may be regarded as unrestricted in respect of trademark and brand protection legislation and could thus be used by anyone.

Cover image: www.ingimage.com

This book is a translation from the original published under ISBN 978-3-330-34811-0.

Publisher:
Sciencia Scripts
is a trademark of
Dodo Books Indian Ocean Ltd. and OmniScriptum S.R.L publishing group

120 High Road, East Finchley, London, N2 9ED, United Kingdom
Str. Armeneasca 28/1, office 1, Chisinau MD-2012, Republic of Moldova, Europe
Printed at: see last page
ISBN: 978-620-7-39526-2

Art des Qualitätsmanagements bei UNB / UAE

Erledigt von:
Dr. Ayman Alarmouti
Assistenzprofessorin /Business Administration
http://orcid.org/0000-0002-6892-2111
Ayman.alarmoti@khawarizmi.com
Al Khawarizmi Internationales College
Al Ain City, Vereinigte Arabische Emirate
Frau Huda Iqbal & Herr Adil Alshezawi
Datiert:
2nd jun, 2017

Inhaltsübersicht

Einführung

In diesem Projekt haben die Forscher die Union National Bank (UNB) ausgewählt, um die Umsetzung von Qualität im Dienstleistungsbereich zu untersuchen. Wie die Bank das Konzept des Total Quality Management umsetzt und welche Instrumente der Qualitätskontrolle sie zur Erreichung ihres aktuellen Qualitätsniveaus einsetzt. Das Projekt wurde in 3 Phasen unterteilt:

In Phase 1 sollte der Datenerhebungsprozess demonstriert werden, was die Identifizierung von Problemen erforderte, die durch eine Kontaktaufnahme mit der Bank gelöst werden mussten. Die meisten Recherchen über die UNB wurden von den Forschern auf der Unternehmenswebsite und in den Jahresberichten der UNB durchgeführt.

In Phase 2 sollte die Anwendung und Beschreibung der relevanten QCC-Werkzeuge (7) - Ursache-Wirkungs-Diagramm, Kontrollblatt, Histogramm, Streudiagramm, Pareto-Analyse, Flussdiagramm und Laufdiagramm - demonstriert werden. Die Ergebnisse würden dann nach Prüfung der Logik der gesammelten Daten zusammen mit der schrittweisen Anwendung der QCC-Tools gerechtfertigt werden.

In Phase 3 sollten Empfehlungen vorgeschlagen werden, wobei die Logik des Vorschlags anhand der Kriterien der Sheikh Khalifa Excellence Awards zu erläutern war.

Das Projekt wurde in einem "Problemlösungs"-Format für die UNB durchgeführt, wobei der Schwerpunkt auf der Anwendung von TQM- und QCC-Tools von der Problemidentifizierung bis zur Lösungsphase lag. Schließlich zeigt das Projekt einige der wichtigsten Herausforderungen auf, denen die Bank bei der Verwaltung ihrer Dienstleistungsbeziehungen gegenübersteht.

Zielsetzung der Studie

Nachfolgend sind die wichtigsten Ziele dieser Studie aufgeführt:

- Identifizierung von Problemen, die von der Dienstleistungsfirma (UNB) gelöst werden müssen.

- Anwendung der relevanten QCC-Tools zur Begründung der Ergebnisse, zusammen mit der schrittweisen Anwendung der QCC-Tools.

- Empfehlungen für den Vorschlag, die UNB für den Sheikh Khalifa Excellence Award zu nominieren.

Hintergrund der Studie

Es ist interessant, dass Qualitätsfragen in der Wirtschaft für die Entwicklung neuer Unternehmen und sogar Industrien verantwortlich waren, wie z. B. die American Society for Quality und Six Sigma. Das Konzept der Qualität in der Wirtschaft konzentriert sich auf die Steigerung der Einnahmen, die Unternehmen erzielen können, wenn ihre Produkte und Dienstleistungen fehlerfrei sind und die von den Kunden erwartete optimale Qualität aufweisen. Fehler können in jeder Form auftreten, wie z. B. die Produktion einer falschen Teilenummer, die Zusendung von Kontoauszügen an Kunden, die ihr Konto bereits geschlossen haben, oder die Zusendung falscher Rechnungen an Kunden. Wenn sich Fehler über einen längeren Zeitraum wiederholen, summieren sich die Kosten auf einen beträchtlichen Betrag, so dass die Beseitigung von Fehlern zu einer erheblichen Steigerung des Endergebnisses eines Unternehmens führen kann (Parker, J. R, n.d).

Ein Unternehmen, das in einem wettbewerbsintensiven Markt über einen langen Zeitraum erfolgreich ist, hat Stammkunden für ein Produkt oder eine Dienstleistung, die die Bedürfnisse der Kunden erfüllt oder übertrifft. Wenn es die Bedürfnisse der Kunden erfüllt oder übertrifft, muss es ein Qualitätsprodukt oder eine Qualitätsdienstleistung anbieten und dabei gute Geschäftspraktiken anwenden (Parker, J. R, n.d).

Qualität

Sie ist der Grad der Exzellenz, der Übereinstimmung mit den Bedürfnissen, der Zweckmäßigkeit, der Erfüllung der Kundenanforderungen und der Vermeidung von Problemen und Fehlern bei der Ausführung. Qualität liegt im Auge des Kunden, daher müssen Unternehmen Qualitätsdienstleistungen anbieten, um die Bedürfnisse ihrer Kunden zu befriedigen (Parker, J. R, n.d).

Die Kosten der Qualität

In einer Dienstleistungsbranche wie den Banken ist es nicht selten, dass die Qualitätskosten mehr als 30 % der Gesamteinnahmen ausmachen. Die Kosten für Qualität umfassen:

1. **Präventionskosten** - sind eine Investition, da die Vermeidung von Qualitätsproblemen die Unternehmen stärkt.

2. **Inspektionskosten** - Die Kontrolle der Arbeit des Personals liegt in der Verantwortung der Führungskräfte.

3. **Fehlerkosten** - nachdem die Dienstleistung an den Kunden geliefert wurde, müssen Kosten vermieden werden. Misserfolge sind das kostspieligste Qualitätsproblem. Die Kosten für den Rückruf einer unzureichend erbrachten Dienstleistung sind extrem hoch (Parker, J. R, n.d).

Nur der Kunde kann die Qualität überprüfen. Qualität bedeutet, den Bedarf des Kunden zu einem Preis zu decken, der sowohl vom Kunden als auch vom Lieferanten akzeptiert wird. Die Qualität der

Dienstleistung, die schließlich an den externen Kunden geht, hängt davon ab, wie gut die internen Beziehungen zwischen Kunden und Lieferanten kontrolliert werden (Parker, J. R., n.d).

Charta für den Kundenservice

Es ist wichtig, dass sich die Mitarbeiter für den Dienst am Kunden einsetzen. Jedes Unternehmen muss eine Qualitätscharta haben:

- Die Qualität der Dienstleistung unter Berücksichtigung der Kundenzufriedenheit zu gewährleisten;
- Entwicklung einer umfassenden Qualitätskultur durch Führung;
- einen Ansatz zur kontinuierlichen Verbesserung zu pflegen;
- Anerkennung der international anerkannten Standards für Qualitätssysteme zu erreichen;
- Ermutigung der Lieferanten und Mitarbeiter zur Akzeptanz der Qualitätsoffensive;
- Schulung der Mitarbeiter durch die Technik der Gesamtqualität;
- Mitwirkung an Benchmarking- und Leistungsmessungsinitiativen (Parker, J. R, n.d).

Standardisierte Systeme

ISO 9000 ist eine Reihe von Normen für Qualitätsmanagementsysteme (QMS), die von der Internationalen Organisation für Normung, einem Zusammenschluss von 132 nationalen Normungsgremien, entwickelt wurden. Die ISO 9000 QMS-Normen sind nicht produkt- bzw. dienstleistungsspezifisch, sondern gelten für die Verfahren, mit denen sie erstellt werden. Diese Normen können von Produktions- und Dienstleistungsunternehmen überall auf der Welt angewendet werden. Ein Unternehmen, das eine ISO-Zertifizierung anstrebt, muss alle in den ISO-Normen genannten Kriterien erfüllen und ein detailliertes Audit durch einen ISO-Auditor bestehen. Es ist möglich, das gewünschte Qualitätsniveau in einem Unternehmen mit einem gut geplanten Qualitätssystem zu erreichen, ohne alle zusätzlichen Schritte für eine ISO-Zertifizierung zu durchlaufen. QS-9000 wurde 1994 veröffentlicht und ist die Ableitung der ISO 9000 für Zulieferer der Automobilindustrie. Diese Norm für Qualitätsmanagementsysteme enthält die gesamte ISO 9001:1994 sowie branchenspezifische und andere kundenspezifische Anforderungen der Erstausrüster (Parker, J. R, n.d).

Qualitätssicherung

Ein Kunde muss sich der Qualität der gelieferten Dienstleistung sicher sein. Die ISO 9000-Reihe gibt den Lieferanten die Verfahren an die Hand, die die Verbesserung eines geeigneten Qualitätsmanagementsystems ermöglichen, mit dem die Qualität der Produkte/Dienstleistungen gegenüber dem Kunden sichergestellt werden kann. Die Version ISO 9001:2000 konzentriert sich auf grundlegende Managementfragen. Sie ist sehr positiv, da die Schwächen der Banken in Bezug auf das Management deutlich geworden sind. Die Unternehmen konzentrieren sich auf die Geschäftsplanung, die Kommunikation und das Image, das sie in der Gemeinschaft vertreten. In der Version 2000 der ISO9001 muss das Management:

- Teilen Sie Details mit ihren Kunden.
- Kontrolle von Personal und Vermögenswerten zur Einhaltung von Fristen.
- Bescheinigung, dass das Personal seine Aufgaben versteht.
- Planung von Maßnahmen, die sicherstellen, dass die Anforderungen der Kunden erfüllt werden.
- Personal ausbilden.
- Stellen Sie die Ausrüstung in funktionstüchtigem Zustand zur Verfügung.
- Sicherstellen, dass die Lieferanten nach gleichen Standards arbeiten.
- Überprüfung der Verfahren, um die Einhaltung der Vorschriften durch das Personal sicherzustellen.

Die ISO9001:2000 bietet einen idyllischen Rahmen für die Reflexion, Anwendung und Beobachtung von Managementfragen in Unternehmen. Sie ist nützlich bei der Erstellung einer Charta für die ungerechtfertigte Bewertung der Unternehmensprozesse

(Parker, J. R, n.d).

Einführung eines hochwertigen Kundendienstes

Die Umsetzung einer Initiative für einen hochwertigen Kundendienst umfasst drei Phasen:

1. Das Umfeld für Qualität schaffen

2. Verbesserung der Qualität

3. Das Geschäft kontinuierlich verbessern (Parker, J. R, n.d).

Qualitätsmanagement-System (QMS)

Es ist eine Technik, um den Mitarbeitern mitzuteilen, was für die Qualität von Produkten und Dienstleistungen erforderlich ist, und um die Handlungen der Mitarbeiter so zu beeinflussen, dass sie ihre Aufgaben gemäß den Qualitätsspezifikationen erledigen (Abahe, n.d.). Ein starkes Qualitätsmanagementsystem gibt den Mitarbeitern eine Vision vor, legt Standards für Teams fest, motiviert die Mitarbeiter, setzt Ziele für die Mitarbeiter, bekämpft die Widerstände gegen Veränderungen im Unternehmen und leitet die Unternehmenskultur (Abahe, n.d.).

Geschichte der Qualitätsbewegung

In den 1950er Jahren führte W. Edwards Deming die statistische Prozesskontrolle (SPC) und Problemlösungsansätze ein. Er ging davon aus, dass 85 Prozent aller Qualitätsprobleme auf das Management zurückzuführen waren. Um dies zu verbessern, musste das Management die Führung übernehmen und die entsprechenden Ressourcen und Systeme bereitstellen. Einkäufer müssen die Qualität aller Produkte und Dienstleistungen verstehen, ihre Anforderungen kennen und diese an die Lieferanten weitergeben.

In einem gut kontrollierten Qualitätssystem sollten auch die Einkäufer die Möglichkeit haben, eng mit den Lieferanten zusammenzuarbeiten, um die erforderlichen Qualitätsanforderungen zu erfüllen oder zu übertreffen. Nach Deming muss die Prozessverbesserung des QMS auf systematische Fehlerursachen (schlechtes Produkt-/Dienstleistungsdesign, ungeeignetes Material, unsachgemäße Rechnungen und schlechte physische Bedingungen) und spezielle Fehlerursachen (einzelne Mitarbeiter oder Geräte, mangelnde Ausbildung, schlechtes Material oder defekte Geräte) abzielen. Eine weitere bedeutende Persönlichkeit in der Entwicklung der Qualitätskontrolle war Joseph M. Juran, der Qualität durch Gebrauchstauglichkeit, Qualität des Designs, Qualität der Konformität, Verfügbarkeit, Sicherheit und Feld definierte. Er entwickelte eine Methode zur Wahrnehmung der Qualität im Lebenszyklus von Produkten/Dienstleistungen, vom Design bis zu den Kundenbeziehungen (Abahe, n.d.).

Vollständiges Qualitätsmanagement (TQM)

Es handelt sich um eine Managementtechnik, bei der die Qualität in jedem Aspekt des Unternehmens im Mittelpunkt steht. Ihre Ziele sind auf langfristigen Fortschritt ausgerichtet. Dabei wird jeder Prozess aufgeschlüsselt und jeder Lieferant oder Abweichler von der Qualität hervorgehoben. Die Rolle des Managements im TQM besteht darin, einen flexiblen Qualitätsansatz zu fördern, der von jeder Abteilung im Einklang mit den Geschäftszielen und den Bedürfnissen der Kunden und Interessengruppen angepasst wird. Nach der Festlegung der Strategie dient diese dann als motivierende Kraft für die Umsetzung auf allen Ebenen des Unternehmens. Sie beinhaltet die Befähigung der Mitarbeiter, indem abteilungs- und funktionsübergreifende Teams gebildet werden, die Lösungsansätze für Qualitätsprobleme erarbeiten und Verbesserungsvorschläge unterbreiten (Abahe, n.d.).

Sechs Sigma

Diese Technik wurde in den 1980er Jahren bei Motorola eingeführt, um Produktionsprozesse mit hohen Stückzahlen zu messen und zu verbessern. Sie wurde entwickelt, um statistische Messungen mit nicht mehr als 3,4 Fehlern pro Million durchzuführen. Unternehmen wie Ford und Chrysler haben berichtet, dass sie durch Six Sigma Milliarden von Dollar einsparen konnten. Es verbessert Prozesse durch den Einsatz von Instrumenten wie statistischer

Prozesskontrolle (SPC), Total Quality Management (TQM) und Versuchsplanung (DOE). Es kann Teil der Entwicklung neuer Produkte, der Materialbedarfsplanung (MRP) und der Just-in-Time-Bestandskontrolle (JIT) sein. Ursprünglich galt es als ein System, das nur in der Fertigungsindustrie anwendbar ist, aber in letzter Zeit wurde es auch auf nicht-herstellende Prozesse wie Kreditorenbuchhaltung, Rechnungsstellung, Marketing und Informationssysteme angewandt und hat sich als erfolgreich erwiesen. Seine Schritte sind:

- Zerlegen Sie den Prozessablauf in einzelne Schritte.
- Definieren Sie die Mängel.
- Messen Sie die Anzahl der Fehler.
- Untersuchen Sie die Grundursache.
- Umsetzung von Änderungen zur Verbesserung.
- Messen Sie die Verbesserung erneut.
- Langfristige Betrachtung der Ziele (Abahe, n.d.).

Die Rolle der Kunden bei der Bestimmung der Qualität

Die Einbeziehung von Kunden in ein Qualitätsprogramm kann auf vielen verschiedenen Wegen erfolgen, einschließlich der Kosten für den Verlust eines Kunden, der Qualitätswahrnehmung des Kunden und des Zufriedenheitsgrads der Kunden. In Dienstleistungsbranchen wie Banken wird die Qualität anhand der Kundenbindungsrate und der Kosten für den Verlust eines Kunden gemessen. Wenn die typische Buchhaltungsmethode die absoluten Kosten für den Verlust eines Kunden ermitteln könnte, wäre es für Manager ein Leichtes, die absolute Menge an Ressourcen zuzuweisen, die für die Kundenbindung erforderlich sind. Kunden bringen im Laufe der Zeit mehr Gewinn, je länger sie bei demselben Unternehmen bleiben. Die von den Kunden wahrgenommene Qualität führt zu Weiterempfehlungen; in der Dienstleistungsbranche machen Weiterempfehlungen mehr als 60 Prozent des Neugeschäfts aus. Wenn ein Unternehmen die Zahl der Empfehlungen durch Qualitätsverbesserung erhöhen kann, wird es seine Einnahmen beträchtlich steigern können (Abahe, n.d.).

Die Rolle der Datenanalyse und Statistik bei der Bestimmung der Qualität

Die statistische Analyse ist die Grundlage des Qualitätsverbesserungsprozesses. Die statistische Prozesskontrolle (SPC) ist der Entscheidungsträger in Qualitätssystemen. Sie misst das Qualitätssystem und ermöglicht seine Kontrolle. Die statistische Analyse liefert die Messungen, die für Managemententscheidungen erforderlich sind. SPC wurde von Walter Shewart in den 1930er Jahren entwickelt. Deming übernahm Shewarts Konzept und wendete es auf QMS an, da er der Meinung war, dass SPC notwendig sei, da Variation ein Teil jedes Prozesses sei, da es sehr unwahrscheinlich sei, dass zwei

Produkte/Dienstleistungen, die mit demselben Verfahren und vom selben Bediener hergestellt werden, identisch seien (Abahe, n.d.).

Die Rolle der Kontrollkarten bei der Bestimmung der Qualität
Regelkarten vermitteln Informationen effektiv. Sie beziehen sich auf einen Prozess, bei dem alle Ergebnisse innerhalb der festgelegten Grenzen liegen müssen. Die obere Kontrollgrenze (UCL) und die untere Kontrollgrenze (LCL) sowie alle Punkte, die zwischen diese beiden Grenzen fallen. Wenn dies der Fall ist, bedeutet dies, dass der Prozess korrekt verwaltet und betrieben wird.

Die Rolle der Rechnungsprüfung bei der Bestimmung der Qualität
Audits ermöglichen es allen Beteiligten zu sehen, ob das System richtig funktioniert und ob die Ziele erreicht werden. Es motiviert die Mitarbeiter und ermöglicht Belohnungen und Anerkennung. Die Auditierung des QMS ist in jedem Unternehmen anders. Dienstleistungsunternehmen haben andere Auditsysteme als Produktionsunternehmen, aber das Endergebnis der Systeme ist das gleiche. Hier sind Beispiele für Auditsysteme, die in Dienstleistungsunternehmen wie Banken eingesetzt werden (Abahe, n.d.).

Mystery Shopper werden in Unternehmen geschickt, um mit den Mitarbeitern zu interagieren, die Servicequalität zu bewerten und der Geschäftsleitung Bericht zu erstatten. Diese Berichte werden für die Mitarbeiter erstellt (Abahe, n.d.).

Kundenbefragungen werden eingesetzt, um herauszufinden, wie das Unternehmen von den Verbrauchern gesehen wird. Der direkte Input von Kunden ist von unschätzbarem Wert und sollte in jedem Unternehmen durchgeführt werden (Abahe, n.d.).

Neue Kundenmaßnahmen sind sehr wirksam bei der Bewertung des Qualitätsniveaus. Kunden, die mit dem Service sehr zufrieden sind, werden anderen davon erzählen. 60 Prozent der Neukunden in Dienstleistungsunternehmen stammen aus Empfehlungen (Abahe, n.d.).

Die Qualität der Dienstleistungen dient als Grundlage für das QMS in der Dienstleistungsbranche zur Bewertung und Kontrolle des Qualitätsniveaus der Dienstleistungen. Auf jede ehrliche Beschwerde kommen mehr als 20 Kunden, die glauben, Schwierigkeiten gehabt zu haben, und mindestens 25 Prozent dieser Schwierigkeiten könnten für eine Untersuchung in Betracht gezogen werden. Mehr als die Hälfte der Kunden, die sich beschweren, kommen wieder, wenn die Beschwerde angegangen und gelöst wird. Wenn die Beschwerde schnell bearbeitet wird und der Kunde das Gefühl hat, dass sich das Unternehmen um seine Kunden kümmert, steigt die Zahl auf 100 %. Wird einer Beschwerde nicht nachgegangen, erzählt der durchschnittliche

Kunde mehr als acht anderen Personen von seiner negativen Erfahrung. Wird die Beschwerde geklärt, erzählt der Kunde mindestens fünf anderen Personen von seinem positiven Erlebnis. Im Durchschnitt kostet es sechsmal mehr, einen neuen Kunden zu gewinnen, als einen bestehenden Kunden zu halten (Abahe, n.d.).

Die 7 Werkzeuge zur Qualitätskontrolle
Die 7 grundlegenden Qualitätsinstrumente haben die statistische Analyse weniger kompliziert gemacht, indem sie gute visuelle Hilfen bieten, die den statistischen Prozess und die Qualitätskontrolle verständlicher machen.

> **Ursache-Wirkungs-Diagramm -**

Es organisiert und zeigt die Zusammenhänge zwischen verschiedenen Theorien und der Ursache des Problems. Durch die Konzentration auf die möglichen Gründe für ein bestimmtes Hindernis in einer organisierten Methode ermöglicht das Diagramm einem Problemlösungsteam, seine Überlegungen zu diesen potenziellen Ursachen zu verdeutlichen, und versetzt das Team in die Lage, produktiver an der Entdeckung der wahren Grundursache(n) zu arbeiten. Es wurde von Kaoru Ishikawa erfunden und ist auch unter dem Namen Fischgrätdiagramm bekannt (Stockhoff, 2010).

> **Kontrollblätter**

werden zum Sammeln und Analysieren von Daten verwendet. Es

handelt sich um eine Art von Diagramm, das so formatiert ist, dass es unmittelbare Schlussfolgerungen in Bezug auf die Daten, Muster und Trends zulässt.

> **Flussdiagramm**

Es handelt sich um eine grafische Darstellung der Abfolge von Schritten, die erforderlich sind, um ein bestimmtes Ergebnis zu erzielen. Bei dem Ergebnis kann es sich um ein Produkt, eine Dienstleistung, eine Information oder eine Kombination aus diesen drei Elementen handeln. Flussdiagramme fördern das Prozessverständnis, helfen bei der Ausbildung, helfen bei der Ermittlung von Problemen und verbessern die Aussichten.

> **Histogramm**

ist eine grafische Zusammenfassung der Variation in einem Datensatz. Sie fassen große Datenmengen grafisch zusammen, indem sie Messungen mit Spezifikationen vergleichen, Informationen an das Team weitergeben und bei der Entscheidungsfindung helfen. In diesem Projekt verwendet die Bank (UNB) Histogramme, um wichtige Entscheidungen zu treffen.

> **Pareto-Analyse**

Ein Pareto-Diagramm ist ein Instrument zur Festlegung von Prioritäten, bei dem die beitragenden Wirkungen in "wenige wichtige" und "viele nützliche" unterteilt werden. Ein Pareto-

Diagramm enthält drei grundlegende Elemente: (1) Beiträge zum Gesamteffekt, geordnet nach der Größe des Beitrags, (2) Größe des Beitrags jedes einzelnen, ausgedrückt in Zahlen, und (3) kumulativer Prozentsatz des Gesamteffekts der geordneten Beitragenden. Pareto-Diagramme sind in Software nicht so häufig anzutreffen wie ähnliche Arten von grafischen Analysewerkzeugen. Dieses Werkzeug zerlegt das Problem in kleinere Teile, identifiziert die wichtigsten Faktoren, zeigt dem Team, worauf es sich konzentrieren muss, und ermöglicht eine bessere Nutzung der begrenzten Ressourcen.

> **Punktediagramme**

werden verwendet, um mit Hilfe der Regressionsmethode die Beziehung zwischen den bei zwei verschiedenen Gruppen von Variablen beobachteten Veränderungen zu untersuchen und zu ermitteln.

> **Statistische Prozesskontrolle**

Betriebliche Prozesse müssen innerhalb ihrer festgelegten Grenzen durchgeführt werden, um die Planungs- und Optimierungsphasen des QMS zu erfüllen. Es setzt Statistiken zur Bewertung von Abweichungen innerhalb eines Prozesses ein (Ereignisse, die Eingaben in endgültige Ausgaben umwandeln). Es kann spezielle Ursachen für Abweichungen sowohl in den verarbeiteten Grenzen als auch in den Endprodukten identifizieren. Es hilft bei der

Moderation von Abweichungen, indem es die Daten der Prozessdurchführung den berechneten Grenzwerten als Linien im Diagramm gegenüberstellt. Die Disparitäten können sein: Allgemeine Abweichungen, die dem Verfahren inhärent sind, und spezielle Abweichungen, die die Ursache für extreme Abweichungen sind (Stockhoff, 2010).

Sheikh Khalifa Excellence Award (SKEA)

Die Vision von SKEA ist es, Menschen und Organisationen in Abu Dhabi und den VAE in die Lage zu versetzen, ihre Leistung und Wettbewerbsfähigkeit zu steigern und für die Geschäftswelt insgesamt eine Weltklasseposition zu erreichen. Seine Aufgabe ist es, gemeinsam zu arbeiten, um der Geschäftswelt in Abu Dhabi und den VAE alle unentbehrliche Unterstützung bei ihrem Streben nach Business Excellence zu bieten, und zwar durch breitere Progression, Disparität und Rezeption innovativer globaler Best Practices bei Excellence-Ansätzen und Präsentation als Weg zur kontinuierlichen Verbesserung (SKEA, 2015).Der Sheikh Khalifa Excellence Award (SKEA) wurde 1999 von der Abu Dhabi Chamber of Commerce & Industry (ADCCI) initiiert. Er war die erste Plattform in Abu Dhabi, die mit den weltweiten Best Practices für die Umsetzung des EFQM-Excellence-Modells konform ging. Mehr als 10.000 Verwaltungen in den Vereinigten Arabischen Emiraten nutzen das Modell, und Hunderte nehmen jährlich an den

Bewertungszyklen teil, wobei jedes Jahr Dutzende von ihnen als Empfänger der SKEA-Auszeichnungen akzeptiert werden, die ihnen vom Kronprinzen von Abu Dhabi verliehen werden. SKEA ist ein strategischer Enthusiast bei der Bereitstellung von Methoden zur Personalentwicklung in Bezug auf Informationen, Fähigkeiten, Ansätze und Systementwicklung durch kumulative Produktivität, um die gewünschten Ergebnisse zu erzielen (SKEA, 2015).

Die drei Kategorien des SKEA-Preises sind:

1. SKEA - Kategorie Diamant
2. SKEA - Kategorie Gold
3. SKEA - Kategorie Silber

Das Anerkennungszertifikat - wird Bewerbern aus allen Bereichen verliehen, die auf Vorschlag der Jury hervorragende Leistungen erbracht haben. Die abgedeckten Sektoren sind: Verarbeitendes Gewerbe, Dienstleistungen, Handel, Baugewerbe, Finanzen, Tourismus, Freiberufler und Gesundheitswesen (SKEA, 2015)

Schritte zur Beantragung von SKEA

1. **Verbesserung des Engagements - die** oberste Führungsebene führt eine Selbstbewertung durch und wendet sich an SKEA, um das Anmeldeformular zu erhalten, das vom CEO des Unternehmens ausgefüllt und unterzeichnet wird. Die Führungskräfte werden für die kontinuierliche Verbesserung geschult.

2. **Vorschlag für eine Selbstbewertung -** diese wird für leitende und mittlere Führungskräfte durchgeführt, wobei der Umfang der Organisation und die Grenzen der Gruppe festgelegt werden.

3. **Teams für die Selbstbewertung und Schulung -** Es werden dann Teams für die Selbstbewertung und Schulung gebildet.

4. **Kommunikation der Selbstbewertungsstrategien -** die Botschaft und der Kanal für die Kommunikation der Selbstbewertung werden festgelegt.

5. **Durchführung einer Selbstbewertung - die** Technik zur Durchführung der Selbstbewertung wird festgelegt.

6. **Aktionsplan -** Selbsteinschätzungen werden überprüft, Aufgaben werden zugewiesen und der Aktionsplan wird ausgetauscht.

7. **Umsetzung des Aktionsplans -** Bildung von Teams, die sich um den Fortschritt kümmern und Ressourcen zuweisen. Die

Ausführung steuern (SKEA, 2015).

EFQM-Modell für Excellence

Das Modell basiert auf der Annahme, dass exzellente Ergebnisse in Bezug auf Leistung, Kunden, Mitarbeiter und Gesellschaft durch eine Führung erreicht werden, die Strategie, Mitarbeiter, Partnerschaften und Ressourcen sowie Prozesse, Produkte und Dienstleistungen vorantreibt (SKEA, 2015).

Kriterien

Befähiger 50%	Ergebnisse 50%
Führungsqualitäten - 10%	Kundenergebnisse - 15%
Strategie - 10%	Menschen Ergebnisse - 10%
Menschen - 10%	Gesellschaft Ergebnisse - 10%
Partnerschaften und Ressourcen - 10%	< ey Leistungsergebnisse
Prozesse, Produkte und Dienstleistungen - 10%	- 15%

Europäische Stiftung für Qualitätsmanagement (EFQM) (SKEA, 2015)

Leiterschaft

Exzellente Unternehmen haben Führungspersönlichkeiten, die die Zukunft gestalten und als Vorbilder für Werte und Ethik dienen. Sie ermöglichen es den Unternehmen, anzunehmen und rechtzeitig zu reagieren, um zu gedeihen (SKEA, 2015).

Strategie

Exzellente Unternehmen setzen ihren Auftrag und ihre Vision um, indem sie einen auf die Stakeholder ausgerichteten Ansatz entwickeln. Richtlinien, Pläne, Ziele und Verfahren werden vorbereitet und durchgeführt, um die Strategie voranzutreiben (SKEA, 2015).

Partnerschaften und Ressourcen

Exzellente Unternehmen planen und nutzen externe Partnerschaften, Lieferanten und interne Ressourcen, um ihre Strategie und Prozesse zu unterstützen. Sie steuern ihren Einfluss auf die Umwelt und die Gesellschaft. Partner und Zulieferer werden so verwaltet, dass ein nachhaltiger Vorteil entsteht. Die Finanzen sichern die kontinuierliche Leistung. Konstruktionen, Geräte, Ressourcen und Energie werden kontinuierlich verwaltet. Technologie wird verwaltet, um den Plan voranzutreiben. Entscheidungen zur Informations- und Datenkontrolle wirken sich positiv auf das Unternehmen aus (SKEA, 2015).

Verfahren, Produkte und Dienstleistungen

Exzellente Unternehmen steuern und verbessern Prozesse, Produkte und Dienstleistungen, um den Wert für ihre Kunden und Investoren zu steigern. Prozesse werden gemessen, um den Wert für Investoren zu steigern. Produkte/Dienstleistungen werden anerkannt, um den Wert für die Kunden zu steigern. Produkte/Dienstleistungen werden effizient unterstützt, beworben, gestaltet, transportiert und gemessen. Die Kundenbeziehungen werden gemessen und verbessert (SKEA, 2015).

Menschen

Exzellente Unternehmen schätzen ihre Mitarbeiter und entwickeln eine Philosophie für die gleichberechtigte Erreichung der

Unternehmensziele. Gerechtigkeit und Fairness werden befürwortet (SKEA, 2015).

Kundenergebnisse

Erfüllung der Anforderungen der Unternehmen an ihre externen Kunden durch die Festlegung von Leistungsindikatoren und Ergebnissen zur Umsetzung der Strategie auf der Grundlage der Bedürfnisse und Erwartungen ihrer Kunden. Die Unternehmen setzen klare Maßstäbe für die wichtigsten Ergebnisse entsprechend den Anforderungen und Aussichten der Kunden, in Übereinstimmung mit dem Plan (SKEA, 2015).

Menschen Ergebnisse

Die Verwirklichung von Unternehmen für ihre Mitarbeiter, durch die Entwicklung von Leistungsindikatoren und Konsequenzen für die Durchführung von Plänen entsprechend den Anforderungen und Perspektiven ihrer Mitarbeiter (SKEA, 2015).

Gesellschaft Ergebnisse

Die Verwirklichung von Unternehmen im Einklang mit der lokalen und globalen Gesellschaft durch die Entwicklung von KPIs und Ergebnissen, um ihren gesellschaftlichen und ökologischen Plan gemäß den Wünschen und Aussichten der externen Investoren voranzutreiben (SKEA, 2015).

Wichtige Leistungsergebnisse

Die Erreichung von Unternehmen für ihre bewusste Präsentation durch die Entwicklung von KPIs und Ergebnissen, um ihre finanziellen und nicht-finanziellen Pläne gemäß den Wünschen und Aussichten ihrer wichtigsten Investoren voranzutreiben (SKEA, 2015).

Union National Bank (UNB)

In den Vereinigten Arabischen Emiraten gehören zur Union National Bank Gruppe: Union Brokerage Company, Al Wifaq Finance Company und Injaz Marketing Management. Sie ist auch in Ägypten, Katar, Kuwait und Shanghai tätig. Ihre Vision (2010 - 2018) ist es, die beste Bank in den Vereinigten Arabischen Emiraten zu sein, und ihre Mission (2013 - 2015) ist es, den Wert der Investoren zu steigern und die finanzielle Stabilität durch Kreativität, Personalentwicklung und hervorragenden Kundenservice zu erhalten. Ihre zentralen Werte sind Kundenorientierung, Mitarbeiterförderung, Ehrlichkeit und Klarheit, Teamgeist, kontinuierliche Entwicklung, Best Practice und verantwortungsvolle Mitgliedschaft in der Gemeinschaft. Sie wurde 1982 in Abu Dhabi auf der Grundlage eines emiratischen Dekrets als öffentliche Aktiengesellschaft gegründet. Sie ist die einzige Bank in den Vereinigten Arabischen Emiraten, deren Anteile von den Regierungen von Abu Dhabi und Dubai gehalten werden: 60 % von der Regierung (50 % vom Abu Dhabi Investment Council und 10 % von der Investment Corporation of Dubai) und

40 % von der Öffentlichkeit (Einheimische und Auswanderer). Sie beschäftigt mehr als 1600 Mitarbeiter aus mehr als 30 Ländern (Anjum, 2013).

Serviceleistungen in der UNB
Die UNB steht ihren Kunden mit einem Netz von 63 Filialen und 209 Geldautomaten in den VAE zur Verfügung. Firmenkunden werden von Corporate Banking Centern betreut. Die Dienstleistungen sind: Uninet Internet Banking; Unicall Telephone Banking (IVR); 24x7 Call Centre; SMS-Benachrichtigungsdienst; Private Banking-Kunden werden von Relationship Managern betreut; Islamic Banking-Kunden werden von der UNB-Tochter Al Wifaq Finance betreut und eine engagierte Customer Care Unit kontrolliert das Kundenfeedback (Anjum, 2013)

Geschäftsbereiche der UNB
- Privatkundengeschäft
- Kleine und mittlere Unternehmen (KMU)
- Firmenkundengeschäft
- Schatzamt & Investitionen
- Abteilung Finanzinstitute & Strukturierte Finanzierung
- Abteilung Private Banking und Vermögensverwaltung
- Islamic Banking (Anjum, 2013)

Teilnahme am SKEA Award an der UNB
- Engagement der obersten Führungsebene
- Beginn lange im Voraus - 7 - 8 Monate vor der endgültigen

Einreichung

• Bildung eines Lenkungsausschusses und eines funktionsübergreifenden Teams unter der Leitung von Teamleitern

• Selbstbeurteilung / Lückenanalyse

• Feedback-Bericht bewerten

• Lücken durch Quick Wins und Aktionsplan für langfristige Pläne

• Kontinuierliche Bewertung des Einreichungsentwurfs

• Endredaktion der Bewerbung und Druck

• Planung des Besuchs vor Ort mit Zusammenstellung der Fakten

• Lenkungsausschuss bietet Anleitung und Unterstützung (Anjum, 2013)

Bekenntnis zur Qualität

Die Geschäftsleitung der UNB hat eine eigene Abteilung für Total Quality & Business Excellence (TQ & BE) eingerichtet, die mit den folgenden Aufgaben betraut ist:

• Einführung eines integrierten Managementsystems, das Folgendes umfasst

ISO 9001 (QMS), ISO 14001 (EMS), OHSAS 18001 und ISO 10002 (Beschwerdemanagement) und ISO-Zertifizierungen.

• Befürwortung und Beteiligung an Business Excellence

Awards (wie SKEA).

• Service Level Agreements - Bewertung, Kapazität, Überprüfung.

• Dienstleistungsnormen - Einführung und Überprüfung auf Konformität.

• Verwaltung des Kundenfeedbacks durch das Referat Kundenbetreuung.

• Befürwortung der Arbeitnehmerbeteiligung durch "The CHALLENGE" - Vereinbarung über Mitarbeitervorschläge.

• Geplante Inputs für Unternehmens- und Unterstützungsgruppen (Anjum, 2013).

Integriertes Managementsystem (IMS) - Komponenten bei der UNB

• ISO 9001:2008 (Qualitätsmanagementsystem)

• ISO 14001:2004 (Umweltmanagementsystem)

• OHSAS 18001:2007 (Managementsystem für Gesundheit und Sicherheit am Arbeitsplatz)

• ISO 10002 (Kundenbeschwerde)

• ISO 27001 (Informationssicherheit)

• ISO 31000 (Risikomanagement)

• ISO 26000 (Soziale Verantwortung)

• Allgemeine Grundsätze, die anerkannt sind, um das QMS (ISO 9001) zu begleiten - wie EMS (ISO 14001), OHSAS 18001 in der ersten Phase (Anjum, 2013).

IMS - Methode und Lieferung

- Ein funktionsübergreifendes Team aus der gesamten UNB wurde anerkannt und zu EMS, OHSAS und ISO-Normen geschult.

- 40 interne Auditoren des Integrierten Managementsystems geschult.

- Bankweite "Lückenanalyse" gerichtet.

- Register der Aspekte und Gefahren (Risiken), das für jede Niederlassung, die Hauptverwaltung und den UNB-Standort erstellt wird.

- IMS-Handbuch und zugehörige Maßnahmen sowie 6 obligatorische Prozesse des QMS.

- Gesetzliche Anforderungen und IMS-Ziele für Umwelt, Gesundheit und Sicherheit.

- Portability Appliance Testing (PAT) für alle elektrischen Geräte.

- DSE (Display Screen Equipment) und Arbeitsplatzbewertung.

- Umwelt- und Arbeitssicherheitsleistungen für Firmenkunden.

- Überwachung der Luftqualität in Innenräumen durch Messung von Lux" und Lärmpegel".

- IMS Interne und externe Audits alle 6 Monate.
- Alle Zweigstellen werden mindestens einmal im Jahr einem internen IMS-Audit unterzogen.
- Alle Abteilungen und Dienststellen werden alle sechs Monate im Rahmen interner und externer Audits stichprobenartig überprüft.
- Halbjährliche Managementbewertungen.
- Verringerung des Papierverbrauchs (Recyclingpapier, doppelseitiger Druck, elektronische Berichte).
- Senkung des Energieverbrauchs (Energiesparlampen, Schalter, Bewegungsmelder, AC-Steuerung).
- Verringerung des Wasserverbrauchs.
- Abfallbewirtschaftungspolitik und Vereinbarung mit externen Anbietern zur umweltfreundlichen Entsorgung von Papier, Kunststoffen, Zinn, Glas, Elektroschrott, Tonern, Computerhardware, Kopierern und Faxgeräten.
- Notfallsituationen (Feuer, medizinische Notfälle und Geiselnahme) und Übungen für bestimmte Notfallsituationen.
- Ausgebildete Brandwächter und Ersthelfer.
- ISO 22301 (Management der Geschäftskontinuität)
- ISO 50001 (Energiemanagementsystem)
- Business Excellence Awards in den VAE; DQA, SKEA, MRM Business Award, regionale und internationale

Auszeichnungen wie der EFQM Award.

- Nachhaltigkeitsberichterstattung (GRI 3.1 bis GRI 4) (Anjum, 2013).

-

Wichtigste Errungenschaften

- Die UNB wurde in die World Finance 100-Liste für 2011 aufgenommen.

- Erste Geschäftsbank der Welt, die von Lloyd's Register Quality zertifiziert wurde.

- Assurance (LRQA) Ltd. für das IMS für 3 Normen, ISO 9001, ISO 14001 und OHSAS 18001 für die Bank und ihre Tätigkeiten in den Filialen.

- Laut Benchmarking-Umfragen zur Kundenzufriedenheit, die von renommierten externen Marktforschungsinstituten durchgeführt wurden, gehört das Unternehmen zu den Top 2 im Bereich Kundenservice.

- Das Beschwerdemanagementsystem der UNB ist nach der Norm ISO 10002 zertifiziert.

- Die UNB gewann den Sheikh Khalifa Excellence Award (SKEA) in der Kategorie Gold für den 2nd aufeinanderfolgenden Zyklus (2009) (Anjum, 2013)

Schlüssel zur Nachhaltigkeit Punkte	Ausgaben
Sorge um den Kunden	• Hochwertiger Kundenservice und Lieferung • Fortschrittliche Produkte und Dienstleistungen
Pflege von Mitarbeiter	• Diversität und Emiratisierung • Einsatz, Zufriedenheit, Ausbildung und Wachstum der Mitarbeiter
Sorge um Gesellschaft und Geschäftspartner	• Gemeinschaftsunternehmen planen • Soziale Präsenz und Finanzwissen • Taktische Geschäftspartner und starke Beziehungen
Pflege von Umwelt	• Kompetente Operationen • Umweltschutz durch verantwortungsbewusstes Banking • Risikoregister für alle Standorte
Pflege a boı Aktionäre	j - Starke finanzielle Präsentation und Rendite für Investoren - Starke Kontrolle über Risikomanagement, Einhaltung der Vorschriften, Klarheit und Verantwortlichkeit

(Anjum, 2013)

Schlüssel zur Nachhaltigkeit Punkte	UNB-Standpunkt	2012 Gewissheit
Pflege von Kunden	UNB bietet hochwertige Dienstleistungen und Betreuung für alle gegenwärtigen und zukünftigen Kunden. Sie bietet kreative und langfristig angelegte Produkte/Dienstleistungen an, indem sie ihren Kundenstamm in aktuellen und zukünftigen Segmenten ausbaut.	Bewertung aller Einzelhandelsprodukte, um die Aussichten für die Aufnahme in den Markt zu ermitteln Werte. Zusammenarbeit mit Firmenkunden, um langfristige Ergebnisse und Resultate zu erzielen.

(Anjum, 2013)

Integrierte Managementsysteme - Die UNB ist die erste Geschäftsbank der Welt, die nach dem Integrierten Managementsystem (IMS) einschließlich der Normen ISO9001, ISO14001 und OHSAS18001 zertifiziert wurde. Mit Nachhaltigkeit plant sie, ihre Systeme zu kontrollieren, um eine bessere Leistung zu erzielen, die ihr einen Wettbewerbsvorteil verschafft, der den Bedürfnissen und Erwartungen ihrer Investoren entspricht (Union National Bank , 2011).

Leadership - Nachhaltigkeit und öffentliche Aufsicht zur Förderung der Leistungsfähigkeit und Klarheit der Leistung.

Innovation - Zusammenarbeit mit Investoren, um zu zeigen, dass die UNB sich kümmert, indem sie Produkte/Dienstleistungen für finanzielles Wachstum entwickelt und sich gleichzeitig um das ökologische und soziale Wohlergehen kümmert. Sie fördert die Nachhaltigkeit in ihrer Wertschöpfungskette und ihrer Arbeit, indem sie die Menschen befähigt, nachhaltige Produkte für aktuelle Prozesse zu erneuern. Die Bank konzentriert sich auf ihre Kunden als Hauptinvestoren, indem sie deren Bedürfnisse erfüllt und sie in das Wachstum und die Platzierung neuer Produkte/Dienstleistungen einbezieht, die finanzielle Vorteile mit ökologischen und sozialen Vorteilen verbinden. Die Bank hat mehr als 200.000 Privatkunden, die von ihrem Netzwerk mit einer Reihe von Einrichtungen betreut werden. Ungefähr 37 % der Kunden der Bank haben eine fünfjährige Geschäftsbeziehung mit ihr (Union National Bank , 2011).

Produkte und Dienstleistungen - Die UNB bietet eine Vielzahl von Produkten und Dienstleistungen an, die auf die Bedürfnisse von Privat- und Firmenkunden zugeschnitten sind. Sie ist in folgenden Bereichen tätig: Privatkunden, Unternehmen, KMU, Immobilien, Islamic Banking und Private Banking für vermögende Kunden mit konventionellen und Scharia-konformen Produkten und Dienstleistungen. Bei der Entwicklung von Produkten/Dienstleistungen werden Kreativität und Innovation als Produktwachstumsmethode in Betracht gezogen. Feedback wird sowohl von internen als auch von externen Partnern eingeholt, um einzigartige Produkte/Dienstleistungen zu entwickeln, zu gestalten und anzubieten, die den Bedürfnissen der Kunden entsprechen. Die Bank führt über die Abteilung für Forschung und Geschäftsentwicklung, die mit dem Produktentwicklungsteam zusammenarbeitet, eine Reihe von Umfragen durch, um das Feedback der Kunden einzuholen. Zum Beispiel, SMART

Konto ist ein exquisites Konto, das das Problem des unerwarteten Arbeitsplatzverlustes angeht. Damit kann der Kunde eine Versicherungsleistung von 50.000 AED pro Monat für einen Zeitraum von 12 Monaten wählen. Außerdem hat der Kunde Anspruch auf eine Deckung von 200.000 AED im Todesfall (Union National Bank , 2011).

Werkzeug zur Qualitätskontrolle bei UNB - Histogramme

Die Bank (UNB) verwendet Histogramme, um wichtige Entscheidungen zu treffen.

Erstellen eines Histogramms

1. Anzahl der Datenpunkte zählen

180	30	190	380	330	140	160	270	10	90
10	30	60	230	90	120	10	50	250	180
-130	220	170	130	-50	-80	180	100	110	200
260	190	-100	150	210	140	130	130	150	370
160	180	240	260	-20	-80	30	80	240	130
210	40	70	70	250	360	120	80	-30	200
50	20	30	280	410	70	-10	20	130	170
140	270	-40	290	90	160	-30	340	20	80
210	130	350	250	20	230	180	130	-30	210
-30	80	270	320	50	240	120	160	20	70
300	280	20	40	20	250	310	40	200	190
110	30	50	240	180	50	130	200	280	60
260	70	100	140	180	150	180	270	140	80
110	130	120	30	70					

TOTAL = 135

2. Zusammenfassen auf einer Strichliste

DATA	TALLY	DATA	TALLY	DATA	TALLY	DATA	TALLY	DATA	TALLY
-180	1	-20	3	90	2	190	4	290	1
-130	2	-10	2	100	5	200	4	300	1
-100	1	10	2	110	5	210	4	310	1
-90	1	20	5	120	4	220	2	320	1
-80	2	30	6	130	8	230	2	330	1
-70	1	40	3	140	5	240	4	340	1
-60	1	50	4	150	2	250	4	350	1
50	1	60	2	160	2	260	4	360	1
-40	1	70	5	170	2	270	2	370	1
-30	5	80	5	180	6	280	2	380	1
								410	1

3. Berechnen Sie den Bereich
4. Anzahl der Intervalle bestimmen
5. Berechnen der Intervallbreite
6. Intervallstartpunkte festlegen

7. Anzahl der Punkte in jedem Intervall zählen

INTERVAL NUMBER	STARTING VALUE	INTERVAL WIDTH	ENDING VALUE	NUMBER OF COUNTS
1	-180	60	-120	3
2	-120	60	-060	5
3	-060	60	000	13
4	000	60	060	20
5	060	60	120	22
6	120	60	180	24
7	180	60	240	20
8	240	60	300	18
9	300	60	360	8
10	360	60	420	4

Equal to or greater than the STARTING VALUE

But less than the ENDING VALUE

8. Zeichnen Sie die Daten auf

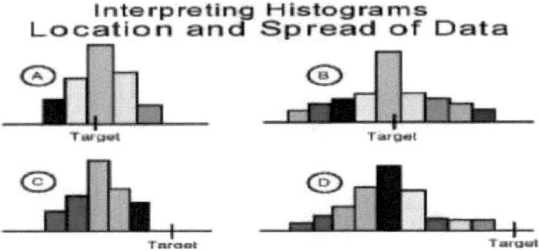

9.

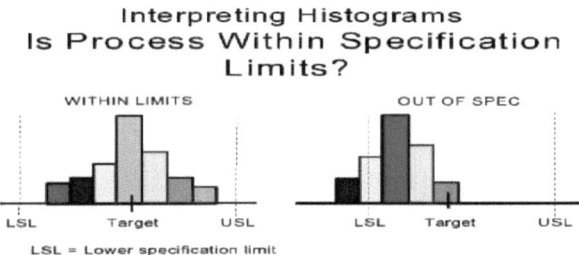

Interpreting Histograms
Is Process Within Specification
Limits?

WITHIN LIMITS

OUT OF SPEC

LSL   Target   USL

LSL   Target   USL

LSL = Lower specification limit
USL = Upper specification limit

(7 Qualitätswerkzeuge, 2015)
Die Bank verfügt über eine eigene Abteilung für
Kundenbetreuung sowie über eine Forschungs- und
Geschäftsabteilung.
Entwicklungsabteilung, die regelmäßige Umfragen zur

Kundenzufriedenheit durchführt und das Kundenfeedback mit

verschiedenen Instrumenten wie Mystery-Shopping-Umfragen

überwacht.

Kundenbetreuung und -zufriedenheit

Um die Beziehung zu ihren Kunden zu gestalten, zu erhalten und zu verbessern, werden regelmäßig unabhängige Umfragen zur Kundenzufriedenheit für jede Geschäftsgruppe der UNB durchgeführt. So erreichte die UNB im Jahr 2011 eine Gesamtzufriedenheit von 87 % bei ihren Privatkunden und 82 % bei ihren Firmenkunden.

	2009	2010	2011
Retail Banking customer satisfaction	85%	88%	87%
Corporate banking customer satisfaction	81%	79%	82%

Die UNB-Kundenbetreuung bietet den Kunden verschiedene Möglichkeiten, ihre Meinung zu äußern oder Fragen zu stellen, und zwar über spezielle Telefone und E-Mail-Adressen. Sie ermutigt die Kunden auch, ihre Meinung mit Hilfe von "Viewpoint"-Formularen zu äußern, die in allen Filialen erhältlich sind. Alle eingegangenen Beschwerden werden untersucht, um die Hauptursache zu ermitteln und Korrektur- und Präventivmaßnahmen zu ergreifen. Den zuständigen Managern werden regelmäßig obligatorische Berichte vorgelegt, und es werden von ihnen Aktionspläne verfolgt, um die Bereiche mit Entwicklungsbedarf zeitlich begrenzt anzugehen. Das Verfahren zur Behebung von Beschwerden ist exklusiv, da für alle behobenen

Beschwerden eine souveräne Bestätigung durchgeführt wird. Sollte der Kunde mit der Antwort nicht vollständig zufrieden sein, wird der Fall zur Prüfung wieder aufgenommen. Das Beschwerdemanagementsystem der UNB ist nach der Norm ISO10002 zertifiziert. Es verfügt auch über einen Business Continuity Plan (BCP) und einen Disaster Recovery Standort. BCP-Tests werden jährlich vom BCP-Standort aus durchgeführt, um sicherzustellen, dass anerkannte kritische Aktivitäten durchgeführt und Kunden ohne Zwischenfälle von einem unkonventionellen Standort aus bedient werden können, falls der Hauptstandort nicht verfügbar ist (Union National Bank , 2011).

Interessen svertreter	Interessensvertr eter Benötigt	Methode der Verlobung	Wie die UNB sich kümmert
UNB's Kunden	Fortschrittliche Produkte und Dienstleistungen	Umfragen zur Kundenzufriedenheit und Forschung	Ausgezeichnete Kundenbetreuung
	Ersatz- und anpassungsfähige Bankkanäle	Mystery Shopper Besuche	Berichte über Kundenfeedback und Zufriedenheitsumfragen, die für die taktische und geschäftliche Planung verwendet werden
	Hochwertige Dienstleistungen	Ausweitung des Netzes von Zweigstellen und Geldautomaten	Regelmäßige UNB-Management- und Kundenbesprechungen
	Vereinfachter Zugang zu Projekt-, Unternehmens- und Privatkrediten	24x7 Call Center, Website, E-Mail, Fax und persönliche Vorsprache.	Mystery-Shopper-Besuche
		UNB-Management und Kundengespräche	Schari'ah-konforme Produkte/Dienstleistungen

(Union National Bank , 2011)

Schlussfolgerung

In einer wettbewerbsintensiven Branche ist es ein Fehler, stehen zu bleiben und der Konkurrenz die Möglichkeit zu geben, an Ihrem Unternehmen vorbeizuziehen. Deshalb ist Qualität eine Reise und kein Ziel. Sie ist ein kontinuierlicher, nie endender Prozess. Die Anwendung von ISO 9001:2000 und die Einführung einer Kundenservice-Charta als Teil der Standardgeschäftspraxis bieten einen idealen Rahmen, um den Kunden zu zeigen, dass das Unternehmen seine Kunden schätzt und das bestmögliche Produkt bzw. die bestmögliche Dienstleistung anbieten möchte.

Die Union National Bank ist bestrebt, ihren Kundenstamm zu vergrößern. Zu diesem Zweck gestaltet, bewahrt und erweitert sie ihre Beziehungen und Kenntnisse über ihre Kunden, indem sie regelmäßig unabhängige Umfragen zur Kundenzufriedenheit für jede Geschäftsgruppe der UNB durchführt.

Die Bank verfügt über eine eigene Kundenbetreuungsabteilung und eine Abteilung für Forschung und Geschäftsentwicklung, die regelmäßig Umfragen zur Kundenzufriedenheit durchführt und das Feedback der Kunden mit Hilfe verschiedener Instrumente wie Mystery-Shopping-Umfragen überwacht. Das

Kundenbetreuungsreferat der Bank bietet den Kunden verschiedene Möglichkeiten, ihre Meinung zu äußern oder Fragen zu stellen, und zwar über eigens eingerichtete Telefone und E-Mail-Adressen. Sie ermutigt die Kunden auch, ihre Meinung mit Hilfe von "Viewpoint"-Formularen zu äußern, die in allen Filialen erhältlich sind. Alle eingegangenen Beschwerden werden untersucht, um die Hauptursache zu ermitteln und Korrektur- und Präventivmaßnahmen zu ergreifen. Das Beschwerdemanagementsystem der UNB ist nach der Norm ISO10002 zertifiziert.

Referenzen

7 Qualitätswerkzeuge. (2015). *7 Qualitätswerkzeuge.* Abgerufen von http://www3.ha.org.hk/qeh/wiser/doc/7bqt.pdf

Abahe. (n.d.). *Qualitätsmanagement-Systeme: Kapitel 14 .* Abgerufen von http://www.abahe.co.uk/business-administration/Quality- Management-Systems.pdf

Anjum, T. (2013). *Implementierung eines integrierten Managementsystems zur Förderung von Business Excellence.* Abgerufen von der Share Best Practice Conference & Exhibition 2013.

Parker, J. R. (n.d). *Qualität und Geschäftspraktiken .* Abrufbar unter https://www.fig.net/pub/proceedings/korea/full-papers/pdf/session12/parker.pdf

SKEA. (2014). *SKEA: Sektoren.* Abgerufen von Sheikh Khalifa Excellence Award:

http://www.skea.ae/English/AboutAward/Pages/Sectors.aspx

SKEA. (2015). *Kriterien - Kundenergebnisse.* Abgerufen von Sheikh KhalifaExcellenceAward :

http://www.skea.ae/English/Criteria/Pages/Customer-Ergebnisse.aspx

SKEA. (2015). *Kriterien - Zentrale Leistungsergebnisse.* Abgerufen von Sheikh KhalifaExcellenceAward

:

http://www.skea.ae/English/Criteria/Pages/Key-Performance-

Ergebnisse.aspx

SKEA. (2015). *Kriterien - Partnerschaften*. Abgerufen von
Sheikh Khalifa
ExzellenzAuszeichnung   :
http://www.skea.ae/English/Criteria/Pages/Partnerships.aspx
SKEA. (2015). *Kriterien - Menschen*. Abgerufen von Sheikh
Khalifa
ExzellenzAuszeichnung   :
http://www.skea.ae/English/Criteria/Pages/People.aspx
SKEA. (2015). *Kriterien - Menschen Ergebnisse*. Abgerufen von
Sheikh Khalifa
ExzellenzAuszeichnung   :
http://www.skea.ae/English/Criteria/Pages/People-Results.aspx
SKEA. (2015). *Kriterien - Prozesse*. Abgerufen von Sheikh
Khalifa
ExzellenzAuszeichnung   :
http://www.skea.ae/English/Criteria/Pages/Processes.aspx
SKEA. (2015). *Kriterien - Gesellschaft Ergebnisse*. Abgerufen
von Sheikh Khalifa
ExzellenzAuszeichnung   :
http://www.skea.ae/English/Criteria/Pages/Society-
Ergebnisse.aspx
SKEA. (2015). *Kriterien - Strategie*. Abgerufen von Sheikh
Khalifa
ExzellenzAuszeichnung   :
http://www.skea.ae/English/Criteria/Pages/Strategy.aspx
SKEA. (2015). *Criteria: Leadership*. Abgerufen von Sheikh
Khalifa
ExzellenzAuszeichnung   :
http://www.skea.ae/English/Criteria/Pages/Leadership.aspx
SKEA. (2015). *SKEA: Kriterien*. Abgerufen von Sheikh Khalifa

Excellence

Auszeichnung:

http://www.skea.ae/English/Criteria/Pages/Default.aspx

SKEA. (2015). *SKEA: How to apply*. Abgerufen von Sheikh Khalifa Excellence Award: http://www.skea.ae/English/The-Award- Office/Pages/How-to-Apply.aspx

SKEA. (2015). *SKEA: Einführung*. Abgerufen von Sheikh Khalifa ExcellenceAward   : http://www.skea.ae/English/AboutAward/Pages/Introduction.a spx

SKEA. (2015). *SKEA: Vision und Auftrag*. Abgerufen von Sheikh Khalifa ExcellenceAward   : http://www.skea.ae/English/AboutAward/Pages/VisionAndMiss ion.aspx

Stockhoff, B. (2010). KAPITEL 18 - Kerninstrumente zur Planung, Steuerung und Verbesserung der Leistung. In J. Juran, *Juran's Quality Handbook: The Complete Guide to Performance Excellence*. New York: McGraw-Hill Professional.

Union National Bank . (2011). *Union National Bank Nachhaltigkeitsbericht2011*   . abgerufen   von http://www.unb.co.ae/English/SustainRpt2011.pdf